PREMIERS
ÉLÉMENTS
DE LECTURE,
OU
ALPHABET
DIT CROIX DE JÉSUS
DIVISÉ PAR SYLLABES EN 24 LEÇONS,
A L'USAGE DES ÉCOLES.

PARIS,

LIBRAIRIE ECCLÉSIASTIQUE, CLASSIQUE, ÉLÉMENTAIRE

DE H. DELLOYE,

Rue des Filles-St-Thomas, 15, Place de la Bourse.

1840.

✠ A B C D E F G
H I J K L M N O P
Q R S T U V X Y
Z Æ OE.

✠ a b c d e f g h
i j k l m n o p q r s
t u v x y z æ œ.

3

✠ a b c d e f g h i j k l m n o p q r s t u v x y z.

✠ A a B b C c D d E e é è ê ë
F f G g H h I i J j K k L l
M m N n O o P p Q q R r S s
T t U u V v X x Y y Z z.
p d b q l j h z g m a u k
o r i t p l s d x n é b c y
q m ë d ê v o è d b e q p
ff ff ſi fi ffi ffi fl fl ffl ffl
si fi ssi ffi sl ſt et aę æ oę œ
vv w.

✠ *A a B b C c D d E e F f
G g H h I i J j K k L l M m
N n O o P p Q q R r S s T t
U u V v X x Y y Z z é è ê ë
œ œ ff fl ffl ſſ ſl ſi ſſi fi ffi w.*

u m o e i j r n a s c l g
f t b p v z h d x q y k
ç à â é è ê ë ô ù û ü

Ba	bé	bê	be	bi	bo	bu
Ka	sé	sê	se	si	ko	ku
Ca	cé	cê	ce	ci	co	cu

Sa	sé	sè	se	si	so	su
Ça	cé	cê	ce	ci	co	cu
Da	dé	dê	de	di	do	du

Fa	fé	fè	fe	fi	fo	fu
Pha	phé	phê	phe	phi	pho	phu
Ja	jé	jê	je	ji	jo	ju
Ga	gé	gê	ge	gi	go	gu

A	é	ê	e	i	o	u
Ha	hé	hê	he	hi	ho	hu
Ja	jé	jê	je	ji	jo	ju
La	lé	lê	le	li	lo	lu

Ma	mé	mê	me	mi	mo	mu
Na	né	nê	ne	ni	no	nu
Pa	pé	pè	pe	pi	po	pu
Ka	ké	kê	ke	ki	ko	ku
Qua	qué	quê	que	qui	quo	quu

Ra	ré	rê	re	ri	ro	ru
Rha	rhé	rhê	rhe	rhi	rho	rhu
Ta	té	tê	te	ti	to	tu
Tha	thé	thê	the	thi	tho	thu
Va	vé	vê	ve	vi	vo	vu
Xa	xé	xê	xe	xi	xo	xu

PREMIÈRE LEÇON.

Mots d'une syllabe.

Ab, ac, ad, af, ag, ah, ai, air, aie, aies, ait, aient, al, am, an, ap, ars, art, as, at, au, aux, aye.

Bac, bai, baie, bail, bain, bal, ban, banc, bas, bât, beau, bec, bée, bel, bey, bis, blanc, bled, bleu, bloc, blond, bœuf, bois, boit, bol, bon, bond, bord, bouc, boue, bout, bran, bras, bref, bris, broc, brou, bru, brun, brut, buis, but.

DEUXIÈME LEÇON

Ca, ça, cal, camp, cap, car, cas, ce, ceint, cens, cep, cerf, c'est, cet, ceux, chair, champ, char, chas, chat, chaud, chef, choc, chœur, choir, chou, chut, ci, cid, cil, claie, clair, clef, clerc, clos, cloux, cœur, coin, coi, col, coq, cor, corps, cou, coup, cour, cours, coût, crac, craie, craint, cran, cri, cric, crin, croc, croit, cru, crue, cuir, cuit, cul.

TROISIÈME LEÇON.

Da, daim, dais, dans, d'en,

dard, de, dé, dent, des, dès,
deuil, deux, dey, dent, dis, dit,
dix, doigt, doit, dol, don,
donc, dont, d'or, dort, dos, dot,
doux, d'ou, drap, droit, dru,
duc, due, dur.

QUATRIÈME LEÇON.

Eau, eaux, el, em, en, ent,
ers, ès, est, et, œuf, eux, ex.

Fa, faim, fais, fait, faits,
faix, fan, fat, faut, faux, fée,
feint, fer, feu, feue, fi, fil,
fils, fin, fisc, fis, fit, flan,
flanc, fleur, fleurs, flot, flou,
flux, foi, foie, foin, fois, foix,
fol, fond, fonds, fonts, for,

fort, fou, four, frais, franc, francs, fris, frit, froc, froid, front, fruit, frut, fuie, fur, fut.

CINQUIÈME LEÇON.

Gai, gaie, gail, gain, gal, gand, gant, gap, gas, gau, gaz, geai, geint, gens, gent, ger, ges, gil, gît, gland, glas, glaux, glu, glui, go, gond, gord, gots, goût, grain, grand, gras, gré, grec, grès, gril, gris, gros, grue, gué, guet, gueux, gui.

SIXIÈME LEÇON.

Ha, haie, han, haut, hé, hem, heur, heurt, hic, hie,

ho, hom, hors, hou, heoux, hue, hui, huis, huit.

If, il, in, ja, jan, jean, jas, je, jet, jeu, jeux, joie, joins, joint, jonc, joue, jour, jours, jus, j'eus. Ka, kan.

SEPTIÈME LEÇON.

La, lac, lacs, lai, laie, laid, lait, l'an, l'en, laps, lard, las, le, lent, les, lest l'est, leur, leurs, lez, lie, lis, lit, lin, loch, lods, lof, loi, lois, loin, lok, long, l'ong, lord, lors, los, l'os, lot, loup, lourd, lui, luit, lut, luth, ly, lynx.

HUITIÈME LEÇON.

Ma, mai, mail, main, maint, mais, mal, marc, marcs, mars, mat, maux, mer, mes, mets, meus, meut, mi, mie, mis, mit, mœurs, moi, mois, moins, mol, mon, mont, mors, mort, mot, mou, moût, mu, mue, mus, muid, mur, mûr, musc,

NEUVIÈME LEÇON.

Na, nai, nain, nard, nau, ne, né, nés, net, nef, nerf, neuf, nez, ni, nid, noir, noix, nom, non, nord, noue, nour, nous, nu, nus, nue, nuis, nuit, nul.

Ob, œuil, oie, œuf, oing, oint, on, onc, ont, or, ord, ort, os, ost, ou, ouf, ours.

DIXIÈME LEÇON.

Pai, pais, paît, paix, pain, pat, pan, paon, par, parc, pars, par, parts, pas, pat, peau, peaux, pec, peint, perd, perds, pet, peu, peux, phu, pic, pie, pied, pin, pis, plaid, plain, plains, plaint, plais, plaît, plan, plant, plat, plein, pleurs, pleut, pli, plie, ploc, plomb, pluie, plus, poids, poix, poil, poing, point, ponds, pont, porc, port, pot, pou, pouls, poux, pour,

pré, prend, prends, près, prêt,
prie, pris, prix, proie, prompt,
puis, puits, pur, pus, put.

ONZIÈME LEÇON.

Qua, quand, quant, quart,
que, quel, queue, qui, qu'il,
quin, quint, quoi.
Rai, raie, rais, rapt, ras, rat,
rang, rend, rends, rets, rez,
rhin, ri, ris, rit, riz, rob, roc,
romps, rompt, rond, roux,
ru, rue, rum, rut, rye.

DOUZIÈME LEÇON.

Sac, sain, saint, sein, seing,

sang, sans, sas, sauf, sain, saint,
sait, saut, seau, sec, sel, scel,
sens, sent, seoir, soir, ses,
seul, s'il, sis, six, sœur, soc,
soi, soie, soif, soit, sol, son,
sont, sors, sort, sot, sou, sous,
soûl, sourd, spalt, spath, spé,
stras, strict, stuc, suc, sud,
suis, suit, sur, sus.

TREIZIEME LEÇON.

Tac, taie, tais, tait, tu, tan,
tant, taon, tard, tas, tau, taux,
tel, temps, tend, tends, tes,
têt, test, thé, thon, thym,
tins, tint, tir, toi, toit, ton,
tond, tonds, tords, tors, tort,

tôt, toue, toug, tour, tout,
toux, trac, train, trais, trait,
trans, très, tri, trin, troc, trois,
tronc, trop, trot, trou, trous,
tu, tue, tuf.

QUATORZIÈME LEÇON.

Un, us, ut. Va, vain, vainc,
vaincs, vair, val, vais, vas, van,
vent, vend, vends, vaut, vaux,
veau, ver, verd, vers, vert, vêt,
veuf, vie, vif, vil, vin, vingt,
vins, vint, vis, vit, veut, veux,
vœu, vœux, voir, voie, voix,
vol, vrai, vu, vue. Yeux. Zain
zest, zinc, zist.

QUINZIÈME LEÇON.

Mots de deux syllabes.

Ab-bé, ab-cès, ab-ject, ab-sent, ab-sous, abs-trait, abs-trus, ac-cent, ac-cès, ac-cord, ac-cort, ac-crue, ac-cueil, ac-te, ac-teur, ac-tif, ad-mis, af-front, ai-de, ai-gle, ai-greur, ai-gu, ai-le, ail-leurs, ai-mer, aî-né, al-lé, al-ler, al-pha, am-be, am-ble, a-mi, an-che, an-cre, an-ge, an-gle, an-nal, ap-pas, ap-peau, ap-pel, ap-point, ap-prêt, ar-bre, ar-che, ar-du, ar-gent, ar-me,

ar-pent , as-pect , as-seoir ,
as-tral , as-tre , at-tend , at-trait,
au-cun , au-ge , au-ne , au-près ,
au-tant , a-zur,

SEIZIÈME LEÇON.

Ba-bil , ba-cler , ba-din ,
ba-fre , ba-gue , ba-hut, bai-ser,
bais-ser , bal-con , bal-lon ,
bal-zan , bam-bin , bam-bou ,
ban-de , ban-dit , ban-quet ,
bar-be , bar-der , bar-que ,
bar-re , bas-se , bas-sin , bat-
tant , bat-teur, bat-tre, bau-det,
beau-me, beauté, bel-le, bel-lot,
ber-cail, ber-ce, ber-le , bet-le ,
beu-gler, beur-re, bi-en, bi-jou,

Blan-che, blan-que, blu-ter, blu-teau, boi-re, boi-ser, bois-son, boî-te, bon-ne, bon-heur, bon-jour, bor-de, bor-gne, bor-ne, bou-che, bou-cher, bouf-fant, bouf-fir, bouf-fon, bouil-lant, bouil-lir, bouil-lon, bour-don, bour-geon, bril-lant, bril-ler, brouil-lard, brouil-ler, bru-me, bru-nir, brus-que, buc-cin, buf-fet, buf-fle, buis-son, bus-quer, bus-sard, bus-te.

DIX-SEPTIÈME LEÇON.

Ca-cher, ca-deau, ca-drer,

cail-le, cail-ler, cail-lou, cais-se, cais-son, cal-cul, cal-fat, cam-brer, cam-per, cap-tif, car-ré, car-reau, casse, cas-te, cas-tor, cau-se, cau-ser, cendré, cer-ceau, cer-cle, cer-ner, ces-ser, cha-cun, cha-grin, cha-land, cha-lon, chai-re, cham-part, cham-pi, chan-ce, chan-cre, char-me, char-mer, chas-se.

Cher-cher, cher-té, chô-mer, cho-se, chu-te, clai-re, clai-ret, clai-ron, clar-té, cli-mat, cli-ver, co-che, co-cher, co-de, co-gner, col-let, col-lier, com-ment, com-mun, con-cert, cos-se, cos-son, cos-tal, cou-cher, cou-de, cou-dre, cou-vrir, crê-che, cré-ment, crè-pe, creu-ser, cri-me, cri-se, croi-re, croî-tre, crou-ler, croû-te, cru-el, crû-ment, cuis-se, cuis-son, cui-te, cui-vre.

DIX-HUITIÈME LEÇON.

Dan-ger, dan-ser, dé-port, der-nier, der-vis, des-sin, des-sert, des-sous, des-sus, des-tin, dé-vot, dic-ter, dic-tum, Di-eu, di-gne, dis-cord, dis-cours, dis-cret, dis-pos, dis-sous, doc-te, doc-teur, do-gat, dor-mant, dor-mir, do-se, dou-ble, dou-ceur, dou-vain, drè-che, dres-se, dril-le, dril-ler, dro-gue, dro-guet, dû-ment, dur-cir.

DIX-NEUVIÈME LEÇON.

Mots de trois syllabes.

É-bar-ber, é-bau-cher, é-blou-ir, é-cha-faud, é-chap-per, é-chauf-fer, é-clai-rer, é-clip-se, é-cor-ce, ef-fa-cer, ef-fec-tif, ef-for-cer, em-bar-ras, em-bau-mer, em-brâ-ser, en-cais-ser, en-cein-dre, en-cein-te, en-chaî-ner, en-cla-

ver , en-i-vrer , er-go-té ,
er-go-ter , é-ri-ger, er-ran-te ,
es-car-per, es-pa-ce , es-quis-se ,
es-sa-yer, eu-cra-sie, eu-phrai-se,
eu-pho-mie , eu-phor-be , ex-
ci-ter , ex-clu-sif , ex-cu-ser,
ex-ha-ler, ex-pi-rer, ex-pri-mer.

VINGTIÈME LEÇON.

Fa-ça-de, fa-ci-le, fa-çon-ner,
fai-né-ant , fau-cil-le fau-fi-ler
fe-mel-le, fe-nê-tre, fer-me-té ,
fer-rail-ler , fi-la-ment, fi-nan-ce,
fré-ga-te, fré-quen-te, fri-vo-le.
Ga-ren-ne , gar-rot-ter , gau-
chè-re, gen-til-le , glai-reu-se ,
glo-ri-eux , gour-ga-ne , gour-

man-de, gra-ci-eux, gra-du-er, gram-mai-re, gra-phi-que, gras-se-ment, grin-ce-ment, gron-de-ment, gro-seil-le, gué-ri-don, guir-lan-de, gus-ta-tif, gym-na-se, gym-ni-que.

VINGT-UNIÈME LEÇON.

Ha-bi-ller, ha-bi-ter, hai-neu-se, ha-ran-gue, har-di-ment, ha-sar-deux, hau-te-ment, hé-ri-ter, her-mi-ne, heu-reu-se, his-toi-re, his-tri-on, hi-ver-nal, hom-ma-ger, hom-mas-se, hon-nê-te, ho-rai-re, hor-lo-ge, ho-ri-zon, hos-pi-ce, hos-ti-le, hô-tes-se, hu-gue-not, hui-tai-ne, hu-mai-ne, hu-mo-ral, hur-le-ment, hy-dro-mel, hy-mé-née, hy-pê-tre, hys-so-pe.

I-am-be, i-di-ot, i-do-le, il-lé-gal, il-lus-trer, im-bi-ber, im-men-se, im-meu-ble, im-mi-nent, im-mo-ler, im-mo-ral, im-par-fait, im-pen-se, im-po-ser, im-pro-pre, in-ci-ter, in-cli-nant, in-clu-se, in-cré-é, in-di-ce, in-di-gent, in-spi-rer, ins-tan-ce, in-stam-ment, in-strui-re, in-stru-ment, in-ter-dit, in-té-rêt, in-ti-me, in-tri-gue, in-ven-ter, in-vi-ter, ir-ri-ter.

VINGT-DEUXIÈME LEÇON.

Mots de quatre syllabes.

Jail-lis-san-te, jail-lis-se-ment, jar-di-na-ge, jau-nis-san-te, jour-na-lis-te, jour-nel-le-ment, jo-yeu-se-ment, ju-ra-toi-re, ju-ri-di-que, jus-ti-fi-er, jus-ti-fi-é.

La-bo-ri-eux, la-by-rin-the, la-ci-ni-é, la-co-ni-que, la-men-ta-ble, lé-gè-re-ment, lé-gè-re-té, li-bé-ra-teur, li-bi-di-neux, li-mi-tro-phe, li-né-a-ment, li-qui-da-teur, li-tho-lo-gie, lo-ca-tai-re, lo-cuti-on, lo-ga-rith-me, lo-go-gri-phe, lon-gi-tu-de, lu-mi-è-re, lus-tra-ti-on, lu-xu-ri-eux.

VINGT-TROISIÈME LEÇON.

Ma-çon-ne-rie, ma-jus-cu-le, mal-a-dres-se, mal-en-ten-du, mal-hon-nê-te, ma-li-gni-té, man-dra-go-re, ma-nus-cri-te, map-pe-mon-de, ma-ré-ca-geux, ma-ri-ti-me, mas-si-ve-ment, mé-ca-nis-me, mé-con-naî-tre, mé-con-ten-te, mé-di-san-te, mé-di-a-teur, mé-lan-co-lie, men-ti-on-ner, mi-gnar-di-se, mi-gno-net-te, mi-nau-de-rie, mix-ti-li-gne, mix-ti-on-ner, mol-lifi-er, mon-dai-ne-ment, mo-no-gram-me, mo-no-po-le, mons-tru-eu-se, mo-ri-bon-de, mous-se-li-ne, mous-que-tai-re mu-gis-san-te, mul-ti-tu-de, mu-si-ci-en, mys-té-ri-eux, mys-ti-ci-té, mys-ti-que-ment, my-tho-lo-gie.

VINGT-QUATRIÈME LEÇON.

Na-ï-ve-ment, na-ï-ve-té, nan-tis-se-ment, nar-ra-ti-on, né-ces-sai-re, né-gli-gem-ment, né-o-phy-te, né-phré-ti-que, neu-tra-li-té, non-cha-lan-ce, nour-ris-san-te, nour-ri-tu-re, nun-cu-pa-tif, nup-ti-a-le, nu-tri-ti-on.

O-bé-is-sant, o-bé-lis-que, ob-jec-ti-on, o-bli-gean-te, ob-rep-ti-ce, ob-scu-ré-ment, ob-cu-ri-té, ob-struc-ti-on, of-fi-ci-al, of-fi-ci-eux, o-lym-pi-en, o-lym-pi-que, onc-tu-eu-se, op-por-tu-ne, op-po-san-te, op-pres-si-on, o-ra-toi-re, or-don-na-teur, or-fé-vre-rie, or-tho-do-xie, or-tho-gra-phe, or-tho-pé-die, os-tra-cis-me, ou-vri-e-re.

L'Oraison dominicale.

Notre Père, qui êtes dans les cieux, que votre nom soit sanctifié, que votre règne arrive, que votre volonté, soit faite en la terre comme au ciel. Donnez-nous aujourd'hui notre pain quotidien, et nous pardonnez nos offenses, comme nous pardonnons à ceux qui nous ont offensés. Et ne nous abandonnez point à la tentation ; mais délivrez-nous du mal. Ainsi soit-il.

La salutation angélique.

Je vous salue, Marie, pleine de grâce ; le Seigneur est avec vous. Vous êtes bénie entre toutes les femmes ; et Jésus, le fruit de votre ventre, est béni.

Sainte Marie, mère de Dieu, priez pour nous, pauvres pécheurs, maintenant et à l'heure de notre mort. Ainsi soit-il.

Le Symbole des Apôtres.

Je crois en Dieu, le père tout-puissant, créateur du Ciel et de le terre; et en Jésus-Christ, son fils unique, notre Seigneur, qui a été conçu du Saint-Esprit, né de la vierge Marie; qui a souffert sous Ponce Pilate, a été crucifié, est mort, et a été enseveli; est descendu aux enfers, le troisième jour est ressuscité d'entre les morts, est monté aux cieux, est assis à la droite de Dieu, le père tout-puissant, d'où il viendra juger les vivants et les morts.

Je crois au Saint-Esprit, la sainte Eglise catholique, la communion des saints, la rémission des péchés, la résurrection de la chair, la vie éternelle.

Ainsi soit-il.

La Confession des péchés.

JE me confesse à Dieu tout puissant, à la bienheureuse Marie toujours vierge, à saint Michel archange, à saint Jean-Baptiste, aux apôtres saint Pierre et saint Paul, et à tous les saints ; parce que j'ai beaucoup péché par pensées, par paroles et par actions. J'ai péché par ma faute. par ma faute, par ma très-grande faute, C'est pourquoi je supplie la bienheureuse Marie, toujours vierge, saint Michel archange, saint Jean-Baptiste, les apôtres saint Pierre et saint Paul, et tous les saints, de prier pour moi le Seigneur, notre Dieu.

Ainsi soit-il.

Imprimerie de J.-B. GROS,
rue du Foin-Saint-Jacques, 18.

www.ingramcontent.com/pod-product-compliance
Lightning Source LLC
Chambersburg PA
CBHW060914050426
42453CB00010B/1726